CATALOGUE

DES

TABLEAUX

ANCIENS & MODERNES

COMPOSANT LA

Collection GELLINARD

ET DONT LA VENTE AURA LIEU

HOTEL DROUOT, SALLES Nᵒˢ 6, 8 ET 9

Le Lundi 19 Mars 1888

A DEUX HEURES

Mᵉ ESCRIBE	**M. A. BLOCHE**
COMMISSAIRE-PRISEUR	EXPERT
6, rue de Hanovre, 6	23, rue Chauchat, 23

EXPOSITIONS

PARTICULIÈRE	PUBLIQUE
Le Samedi 17 Mars 1888	**Le Dimanche 18 Mars 1888**
De 1 heure 1/2 à 5 heures 1/2	*De 1 heure à 5 heures*

Le présent Catalogue se trouve

A Paris, chez

<table>
<tr><td>Me ESCRIBE
COMMISSAIRE-PRISEUR
6, rue de Hanovre, 6</td><td>M. A. BLOCHE
EXPERT
23, rue Chauchat, 23</td></tr>
</table>

Londres.	Chez M. GEORGE DONALDSON, *106, New Bond Street.*
—	Chez M. E. JOSEPH, *158, New Bond Street.*
Amsterdam.	Chez M. J. BOASBERG, *63, Kalverstraat.*
Francfort-sur-Mein.	Chez MM. LŒWENSTEIN FRÈRES, *4, Kaiserstrasse.*
Rome	Chez M. PIATELLI, *31, Via Funari.*

CONDITIONS DE LA VENTE

Elle sera faite au comptant.

Les adjudicataires payeront *cinq pour cent* en sus des enchères, applicables aux frais.

Paris. — Imp. de l'Art, E. MÉNARD et Cie, 41, rue de la Victoire.

TABLEAUX ANCIENS

AVILA

(D')

1 — *Portrait du peintre.*

Représenté assis, en élégant costume de velours et de brocart, tenant sa palette et ses pinceaux de la main gauche, la main droite appuyée sur un livre posé sur une console, semblant regarder l'œuvre à laquelle il est attaché.

Signé à gauche et daté 1761.

Toile. Haut., 1 m. 20 cent.; larg., 88 cent.

BALEN

(VAN)

2 — *L'Enlèvement de la belle Europe.*

Au milieu d'un riant paysage animé de très nombreux personnages, Jupiter, sous la forme légendaire du taureau, est paré de fleurs par les nymphes et les amours qui préparent en même temps le manteau de pourpre pour envelopper la belle Europe. Des femmes en riches costumes admirent et caressent le dieu transformé ; des amours, volant à travers les arbres et accourant de tous côtés, portent des fleurs et des fruits au devant de la belle Europe. Au fond, on aperçoit des personnages et des troupeaux dispersés dans la vallée.

Cuivre. Haut., 1 m. 5 cent.; larg., 1 m. 30 cent.

BALEN

(VAN)

3 — *Le Festin des dieux.*   3100.

Au bord de la mer, abrité par de grands arbres, les dieux sont réunis autour d'une table couverte de mets délicieux ; ils sont servis par les nymphes et les amours qui leur apportent des plats chargés de poissons et des corbeilles de fruits ; des amours qui voltigent tiennent des guirlandes de fleurs ; au fond, près d'aborder au rivage, l'on voit Vénus et Amphitrite portées par les tritons et les dauphins, guidées par l'Amour.

Cuivre. Haut., 1 m. 5 cent.; larg., 1 m. 3o cent.

BLANCHARD

4 — *La Pêche.*

5 — *La Chasse.*

Deux dessus de portes ovales.

Toiles. Haut., 9o cent.; larg., 1 m. 15 cent.

BOUCHARDON

6 — *Les Jeux de l'enfance.*

Feuille d'éventail agrandie, offrant sept médaillons à scènes al'égoriques, encadrés de fleurs et d'ornements à rehauts d'or.

Haut., 20 cent.; larg., 28 cent.

BOUCHER

(Attribué à)

7 à 10 — *Allégories des heures du jour.*

Têtes de femmes.

Quatre charmants pastels se faisant suite.

Haut., 40 cent.; larg., 3o cent.

CHAMPAGNE

(PHILIPPE DE)

11 — *Portrait de la reine Anne d'Autriche.*

Elle est représentée assise, habillée d'une robe
noire avec collerette et parements de manches en
point de Venise d'une remarquable finesse ; sur
sa coiffure à longues boucles est posé un voile
noir s'avançant en pointe sur le front ; elle porte
une croix et des boucles d'oreilles en perles ; dans
sa main droite, appuyée sur une table, elle tient
une montre. La tenture du fond, relevée à gauche,
laisse entrevoir un joli paysage.

Œuvre des plus remarquables du maître ;
d'après ce portrait, Bordier et Petitot firent un de
leurs plus beaux émaux.

Il provient de la famille de Gallard, à qui il
avait été donné par la reine.

Toile. Haut., 1 m. 17 cent.; larg., 90 cent.

CHARDIN

12 — *Nature morte et ustensiles de cuisine.*

Toile. Haut., 25 cent.; larg., 30 cent.

COYPEL

13 — *L'Enlèvement de la belle Europe.*

Dessus de porte.

Toile. Haut., 1 mètre ; larg., 1 m. 30 cent.

DE MARNE

14 — *Bergers, bergères, vaches et moutons.*

Au milieu d'un charmant paysage, avec horizon ensoleillé.

Toile. Haut., 53 cent.; larg., 65 cent.

DIETRICH

15 — *Le Déjeuner joyeux.*

Dans une salle de château, des gentilshommes et des courtisanes sont attablés, causant galamment. Au premier plan, l'une d'elles, assise sur les genoux de son voisin qui la tient par la taille, se fait verser à boire par un valet qui la regarde en souriant. D'autres serviteurs apportent des plats ou regardent indiscrètement, derrière les colonnes et derrière les portières, cette scène de festin.

Toile. Haut., 1 mètre ; larg., 1 m. 10 cent.

DIETRICH

16 — *La Répétition du concert.*

Dans le salon d'un château, plusieurs musiciens, hommes et femmes, sont groupés autour d'une table. Un nègre, suivi d'un petit chien, leur apporte des rafraîchissements sur un plateau.

Toile. Haut., 1 mètre ; larg., 1 m. 10 cent.

DE TROY

(FRANÇOIS)

17 — *La Comtesse de Valois.*

Allégorie au dicton : *A blanchir un nègre on use son savon.*

La jolie comtesse, en costume de bal paré rappelant l'époque d'Henri III, robe de velours bleu décolletée garnie de perles, avec petit manteau de brocart rose jeté sur l'épaule, coiffée d'un toquet avec aigrette coquettement posé sur la tête, frotte la tête d'un petit négrillon qui tient docilement dans ses deux mains une coquille remplie d'eau et de savon.

Tableau plein de charme.

Toile. Haut., 1 m. 42 cent.; larg , 1 m. 12 cent.

FRAGONARD

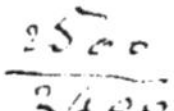

18 — *La Leçon retenue*.

C'est l'heure de la distribution des tartines ; la jeune mère, assise sur un banc, tenant un gros pain dans une main et le couteau dans l'autre, attend, pour en couper, que son dernier petit bambin, là, debout devant elle, relevant naïvement sa chemise, ait demandé en bonne forme sa ration. Les autres frères et sœurs, les aînés, regardent, les uns derrière la maman, les autres à côté du tableau d'A B C D, comment il s'en tirera.

Gracieuse composition.

Bois. Haut., 25 cent.; larg., 39 cent.

GOYA

19 — *Portrait du maréchal de Mouchy, gou-*
verneur de la Guyenne, qui fut guillotiné
en 1793, à l'âge de quatre-vingt-six ans.

Il est représenté debout, en grand costume de
commandement, tenant de la main droite son
bâton de maréchal et, de la main gauche, ses
gants et son épée.

Par sa facture, ce tableau peut être classé parmi
les œuvres les plus remarquables de Goya.

Doit avoir été peint vers 1786.

Toile. Haut., 1 m. 25 cent.; larg., 90 cent.

GOYA

20 — *L'Orchestre des chats.*

Ils sont là quatorze, groupés autour d'un livre
de musique ouvert sur un chevalet, miaulant en
chœur; l'un d'eux, au fond, tient même un trom-
bone; le plus vieux des matous s'est pourvu d'un
pince-nez. Épars sur le plancher, des instruments
et des cahiers de musique.

Bois. Haut., 43 cent.; larg., 61 cent.

HOBBEMA

(D'après)

21 — *Maison rustique.*

Sur une grande route, au milieu d'un paysage boisé, animé de figures.

Bois. Haut., 42 cent.; larg., 60 cent.

LARGILLIÈRE

(NICOLAS)

22 — *Portrait d'une grande dame de l'époque.*

Représentée debout, tenant d'une main une houlette et, de l'autre, caressant un petit chien. Elle est habillée en robe de brocart blanc avec corsage à pointe et décolletée, ornée d'un bouquet de fleurs sur la chemisette, à manches très larges et courtes garnies de dentelles, une écharpe de soie rose jetée nonchalamment sur sa robe ; coiffée à la poudre, avec fleurs et perles dans les cheveux. Fond de paysage.

Très beau tableau.

Toile. Haut., 1 m. 45 cent.; larg., 1 m. 12 cent.

LEPRINCE

(Attribué à)

23 — *La Collation champêtre.*

Un chasseur et deux dames de qualité sont assis sur un arbre renversé ; à leurs pieds est disposée une frugale collation ; près d'eux, un jeune nègre tient par la bride un cheval blanc ; en perspective, un paysage mouvementé.

Toile. Haut., 85 cent.; larg., 1 m. 20 cent.

LEPRINCE

(Attribué à)

24 — *Le Départ pour la promenade.*

Devant l'entrée d'un parc, un valet tient deux chevaux par la bride, attendant un gentilhomme et une grande dame qui s'avancent en causant. Au bord d'une rivière, arrosant un riant paysage, sont assis deux jeunes femmes et un jeune galant qui prend l'une d'elles par la taille.

Toile. Haut., 85 cent.; larg., 1 m. 20 cent.

LOO

(CARLE VAN)

25 — *L'Arrivée de la reine Marie Leczinska, à Versailles.*

Représentée en très riche costume de cour, robe de brocart d'or enrichie d'agrafes et de ferrets en rubis et diamants, corsage décolleté, à manches courtes en dentelle, avec manteau de cour en velours bleu fleurdelisé d'or et doublé d'hermine, retenu sur les épaules, et dont son jeune page, en costume national polonais, porte la traîne. Elle descend les escaliers du parc de Versailles, guidée par un amour tenant sur un coussin la couronne de France et, à la main, un bouquet de fleurs d'oranger.

Tableau d'une ordonnance absolument royale.

Toile. Haut., 1 m. 95 cent.; larg., 1 m. 45 cent.

LOO

(CARLE VAN)

26 — *Le Roi Louis XV*.

Il est représenté debout, en costume de guerre,
couvert d'une superbe armure damasquinée d'or,
avec le manteau royal fleurdelisé, doublé d'hermine, jeté sur ses épaules, portant au cou l'ordre
de la Toison d'or et, en sautoir, le grand cordon
de Saint-Louis ; de la main gauche, il relève son
manteau au-dessus de la garde de son épée ; son
casque à panache blanc, qu'il prend de sa main
droite, est placé, ainsi que son bâton de commandement et ses gantelets, sur une table couverte
d'un tapis de velours cramoisi, garni de franges
et de passementeries d'or, analogues aux meubles
et aux draperies de la tente royale.

Toile. Haut., 2 m. 70 cent.; larg., 1 m. 80 cent.

LOO

(CARLE VAN)

27 — *Portraits de la duchesse d'Étampes et de son fils.*

> La duchesse est représentée en costume de cour, robe de brocart d'or, parée de joyaux, avec écharpe de velours bleu négligemment jetée. Près d'elle, son fils, en petit Bacchus, lui indique le vaisseau qui ramène le duc d'Étampes, alors grand amiral de France, de retour de ses conquêtes.
>
> Toile. Haut., 1 m. 42 cent.; larg., 1 m. 10 cent.

LORRAIN

(Attribué à CLAUDE)

28 — *Vue des environs de Gênes.*

> Marine animée de figures et de nombreux bateaux à l'ancre et au large.
>
> Toile. Haut., 37 cent.; larg., 44 cent.

MAAS

(NICOLAS)

29 — *La Femme aux gants.*

Représentée debout, en robe noire, avec collerette tuyautée et coiffe garnie de dentelle.

Porte en haut, à droite, la date 1630 et les monogrammes du nom de la dame, peinte à vingt-huit ans.

Bois ovale.

Haut., 27 cent.; larg., 20 cent.

MIGNARD

30 — *Portrait de Mme de Maintenon.*

Assise dans un parc, en costume de déesse, peplum bleu retenu par des ferrets, avec draperie rouge nonchalamment jetée sur les épaules et ramenée sur la robe; elle tient des fleurs dans la main droite.

Toile. Haut., 54 cent.; larg., 44 cent.

**

NATTIER

31 — *Portrait de la duchesse de Berry, fille du Régent, en chasseresse.*

Représentée en élégant costume de soie blanche, coquettement décolletée, avec draperie bleue retenue à l'épaule par une agrafe en pierreries, et la robe recouverte d'une peau de lionceau. Elle est coiffée à la poudre, avec fleurs dans les cheveux.

Elle tient délicatement son arc des deux mains ; un carquois garni de flèches est suspendu à un arbre, à côté d'elle.

Tableau plein de charmes.

Toile. Haut., 1 m. 15 cent.; larg., 87 cent.

NATTIER

(Attribué à)

32 — *Portrait de grande dame de la cour.*

Elle tient d'une main un arc et un carquois rempli de flèches, porte dans l'autre main une torche enflammée, éclairant agréablement son gracieux visage et l'Amour qui l'entraîne en élevant ses yeux séducteurs vers elle.

Toile. Haut., 1 m. 25 cent.; larg., 92 cent.

NATTIER

(Attribué à)

33 — *Portrait de la comtesse de Polignac.*

Elle est en Hébé, robe blanche, décolletée, à
demi enveloppée d'une écharpe bleue soulevée par
un aigle, avec des guirlandes de fleurs autour de
la ceinture, tenant d'une main une aiguière et de
l'autre une coupe. Coiffure à la poudre.

Toile. Haut., 1 m. 28 cent.; larg., 95 cent.

PANINI

34 — *Intérieur de temple, à Rome.*

Grande nef à colonnades avec monument allé-
gorique en perspective et statues de Pluton et
d'Hercule de chaque côté. Des femmes et des
hommes paraissant affligés sont assis au milieu
du temple; un hallebardier garde une entrée, un
autre guerrier pénètre sous une arcade de gauche.

Toile. Haut., 1 m. 20 cent.; larg., 90 cent.

POUSSIN

(Attribué à GASPARD)

35 — *Paysage avec rochers et rivière.*

Toile. Haut., 35 cent.; larg., 45 cent.

RIGAUD

(HYACINTHE)

36 — *Portrait de la duchesse de Nemours, souveraine de Neufchâtel et Vallangin.*

Représentée assise, en robe de satin noir garnie de point de Venise, coiffée d'un capuchon noué sur la poitrine et dont elle retient les pointes de la main droite ; de la main gauche, elle prend avec grâce la couronne ducale qui est posée sur un coussin de velours rouge.

Elle était la fille de la duchesse de Longueville et cousine germaine du roi Louis XIV.

Quoique la duchesse de Nemours soit représentée à l'âge de soixante-six ans, Rigaud a répandu dans toute son œuvre tant de charme et de distinction, que ce portrait est aussi remarquable par la majesté du personnage que par les séductions qu'il offre.

A été gravé par Drevet en 1707.

Toile. Haut., 1 m. 45 cent.; larg., 1 m. 15 cent.

RIGAUD

(HYACINTHE)

37 — *Mme de Prie à Versailles.*

Superbe portrait la représentant en robe de satin blanc décolletée, à manches courtes, avec écharpe négligemment jetée sur les épaules, et traine de velours gris doublée de brocart rose, ramenée sur la jupe. Son joli visage, plein de grâce et de majesté, est encadré d'une chevelure légèrement poudrée, dont les longues boucles, mal retenues par un ruban bleu, retombent sur son épaule.

Elle écoute avec attention les prédictions d'une vieille femme, une sorcière rappelant le portrait de la mère de Rigaud, qui lui annonce sa haute destinée. Au fond, à travers les arbres, l'on aperçoit un soleil éclairant la résidence royale.

Œuvre remarquable dans laquelle Rigaud a joint à la puissance de sa palette le raffinement le plus délicieux dans l'attitude et dans le costume du personnage principal.

Toile. Haut., 1 m. 42 cent.; larg., 1 m. 12 cent.

RIGAUD

(HYACINTHE)

38 — *La Princesse de Conti, fille de Louis XIV*.

Elle est représentée dans le parc de Trianon. en robe de satin bleu, à corsage gracieusement décolleté et garni de dentelle blanche, parée de ferrets retenant son manteau de cour sur les épaules.

Elle cueille et regarde un œillet pour l'ajouter à une corbeille de fleurs qu'un petit nègre tient devant elle. Sa coiffure, à frisures et à longues boucles tombant négligemment sur ses épaules, s'harmonise merveilleusement avec son joli visage.

Les fleurs sont de Baptiste Monnoyer.

Toile. Haut., 1 m. 42 cent.; larg., 1 m. 12 cent.

VERNET

(JOSEPH)

39 — *La Tempête*.

Sur une côte rocailleuse, des pêcheurs font tous
leurs efforts pour secourir des naufragés ; une
grande barque de sauvetage chargée de passagers,
lancée par les vagues en furie, est menacée de
venir échouer sur des grands rochers. Plus **au**
large, un trois-mâts, presque abandonné, a ses
voiles renflouées.

Toile. Haut., 40 cent.; larg., 60 cent.

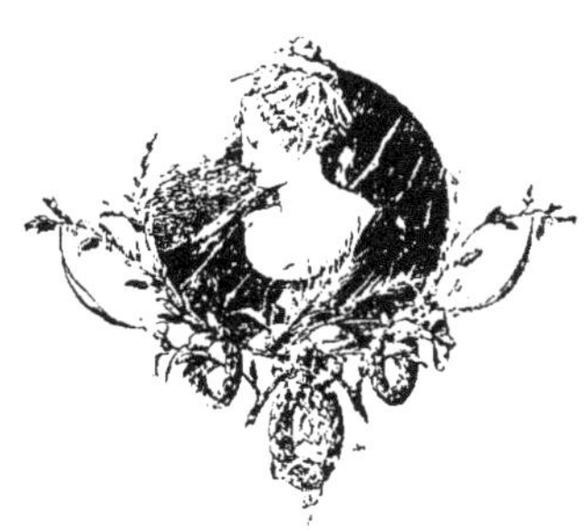

TABLEAUX MODERNES

PASTELS — DESSINS — GRAVURES

BROUILLET

(ANDRÉ)

40 — *Port Navalo, en Bretagne.*

A l'horizon, quelques voiliers balancés par les vagues.

Signé à gauche.

Toile. Haut., 38 cent.; larg., 53 cent.

COROT

41 — *Diane et les nymphes au bain, surprises par Actéon.*

Dans une partie de forêt abritée par de grands rochers, les nymphes prennent leurs ébats au bord d'un clair ruisseau, et se balancent aux branches d'arbres baignant dans l'onde. A droite, l'une d'elles arrive en courant, ramenant le chien de Diane. La déesse, indignée de la curiosité d'Actéon que l'on voit au loin, d'un geste le condamne à sa métamorphose.

Œuvre très importante du maître, première manière. Le fond du paysage a été retouché par Corot dans les dernières années de sa vie.

Signé à droite et daté de Rome *1836*.

Haut., 1 m. 54 cent.; larg., 1 m. 10 cent.

COROT

42 — *Le Martyre de saint Sébastien.*

Au premier plan, saint Sébastien est étendu par terre, secouru par les saintes femmes. Elles épanchent le sang qui s'échappe de ses blessures.

Dans les airs, on voit descendre des amours portant la couronne et la palme du martyr. A l'horizon, en partie cachés par la colline, s'éloignent des cavaliers armés.

Tableau important.

Signé à droite.

Haut., 1 m. 30 cent.; larg., 85 cent.

COROT

43 — *Vue de Dunkerque.*

Ville natale du maitre.

Œuvre ravissante.

Signé à droite.

Toile. Haut., 43 cent.; larg., 60 cent.

COROT

44 — *Vue de la Celle-Saint-Cloud.*

Animée de figures et d'animaux.

En perspective, on voit la Seine au milieu d'un paysage accidenté.

Ce tableau a été terminé par Corot et signé à gauche par le maître.

Toile. Haut., 5o cent.; larg., 1 mètre.

COROT

45 — *Paysage accidenté, avec figures et animaux.*

Offrant, par une éclaircie, la vue de la Seine et, en perspective, le Mont-Valérien.

Terminé par Corot et signé à gauche par le maître.

Toile. Haut., 5o cent.; larg., 98 cent.

DELACROIX

(E.)

46 — *Tête de cheval.*

Au revers, un torse de femme nue.

Deux dessins.

Signé à droite avec inscription : *A l'Atelier de Guérin.*

Haut., 22 cent.; larg., 27 cent.

DELACROIX

(E.)

47 — *Femme renversée et enfant buvant.*

Croquis.

Signé avec dédicace :

*A l'Atelier de Guérin
donné à M. Dupré.*

Haut., 18 cent.; larg., 17 cent.

DELORT

(C.)

48 — *La Chasse au cerf dans un marché.*

C'est au moment où une foule de ménagères viennent s'approvisionner, où les marchands et les marchandes sont à leurs étals, qu'un cerf, forcé par une meute de chiens, serré de près par de nombreux chasseurs et seigneurs à cheval, débouche d'une rue de la ville et fait irruption dans le marché, escaladant par-dessus les légumes, les paniers et les marchandes, répandant l'affolement partout. Une paysanne se sauve, emportant un panier d'œufs; une autre, renversée de frayeur, retient une oie prête à s'échapper ; un écolier, courant à la suite des chiens, perd tous ses livres en route ; un porteur de pain, qui traverse la place, reste terrifié ; une vieille douairière saute aussi vite que possible de son cabriolet dont le cheval effrayé se cabre. Partout se traduit l'émotion, l'effarement et voire même la moquerie, jusqu'aux pigeons qui volent à tire-d'aile vers leurs nids.

Ce tableau des plus remarquables, par le nombre des figures, le mouvement et l'animation que le peintre y a répandus, est des plus agréables et des plus amusants.

Salon de 1874.

Signé à droite.

Toile. Haut., 85 cent.; larg., 1 m. 40 cent.

DIAZ

49 — *Descente de bohémiennes sous bois.*

Importante composition de onze figures.
Signé à gauche et daté 1872.

Toile. Haut., 73 cent.; larg., 58 cent.

DIAZ

5o — *L'Orage.*

Un chasseur suivi de son chien presse le pas
à travers la campagne, aux environs d'une forêt
que l'on voit en perspective. Au premier plan,
une mare.

Signé à gauche et daté 1872.

Toile. Haut., 37 cent.; larg., 55 cent.

DIAZ

(Genre de)

5i — *Daphnis et Chloé.*

Signé au milieu, en bas.

Bois. Haut., 16 cent.; larg., 14 cent.

DIAZ

(Attribué à)

52 — *Campement de bohémiens.*

Bois. Haut., 23 cent.; larg., 34 cent.

JACQUE

(CH.)

53 — *Bergerie au Croisic.*

Grand troupeau de moutons avec berger, coqs et poules dans une étable.

Beau tableau.

Signé à gauche : Ch. Jacque, 1874.

Porte au dos l'inscription suivante :

Certifié original.
Au Croisic, le 12 9bre 1874.
Ch. Jacque.

Toile. Haut., 65 cent ; larg., 1 mètre.

JACQUE

(CH.)

54 — *Moutons et berger sur la lisière d'un bois.*

Signé à gauche.

Au dos l'inscription suivante :

Certifié original.

Au Croisic, le 18 avril 1874.

Ch. Jacque.

Toile. Haut., 85 cent.; larg., 65 cent.

JACQUE

(CH).

55 — *Berger au milieu de son troupeau, sur la lisière d'un bois.*

Signé à gauche.

Toile. Haut., 70 cent.; larg., 98 cent.

HAUSER

56 — *Intérieur de forêt.*

Signé à droite.

Toile. Haut., 73 cent., larg., 90 cent.

LÉVY

(HENRY)

57 — *Entrée des Croisés à Constantinople.*

Imposante composition de nombreuses figures
de guerriers et de cavaliers se livrant à un véri-
table carnage dans l'intérieur d'une église.

Signé à gauche

Toile. Haut., 1 mètre; larg., 77 cent.

MOREL-FATIO

58 — *Vue intérieure du fort de Bomar-Sund.*

Signé à gauche.

Toile. Haut., 1 m. 18 cent.; larg., 2 mètres.

PÉRAIRE

(PAUL)

59 — *Bords de la Seine, à Clichy.*

Signé à gauche.

Toile. Haut., 45 cent.; larg., 88 cent.

PICOU

(HENRY)

60 — La Ronde des nymphes.

Autour d'un arbre, sur lequel est montée une
bacchante jouant des cymbales, Vénus, les
Nymphes, et les Bacchants se livrent à une ronde
effrénée.

Signé à gauche et daté 1873.

Toile. Haut., 1 mètre ; larg., 72 cent.

PICOU

(HENRY)

61 — La Ronde de mai.

Une bande de nymphes, se tenant par la main,
se livrent au plaisir d'une ronde folle.

Signé à gauche et daté 1873.

Toile. Haut., 1 mètre; larg., 72 cent.

PICOU

(HENRY)

62 — L'Orient et l'Occident.

Signé à droite et daté 1873.

Toile. Haut., 65 cent.; larg., 52 cent.

PICOU
(HENRY)

63 — *Dans les joncs.*

Deux fillettes, chargées de fleurs, se retroussent
de leur mieux et s'avancent avec précaution pour
prendre un nid d'oiseaux.

Signé à droite et daté 1873.

Toile. Haut., 57 cent.; larg., 47 cent.

REYNAUD
(F.)

64 — *Les Vendanges dans les Abruzzes.*

Composition de nombreuses figures.

Signé à gauche.

Toile. Haut., 1 m. 30 cent.; larg., 2 m 15 cent.

RICHTER

(E.

65 — *L'Atelier du peintre.*

Assis sur un divan à droite, la palette à la main,
Richter regarde sa dernière œuvre, montée sur un
chevalet, en face de lui. Deux jeunes Italiennes et
une jeune femme, vêtue en Orientale, suivent des
yeux son impression. Au fond, un paravent sur
lequel sont accrochés des étoffes, des écharpes et
des instruments de musique.

Grand et beau tableau.

Signé et daté 1875.

Toile. Haut., 1 m. 43 cent.; larg., 1 m. 12 cent.

RICHTER

(E.)

66 — *Précieux souvenir.*

Un marquis en riche costume brodé, garni de
dentelle, coiffé d'un chapeau à plume blanche,
est assis devant son bureau sur lequel est déposé
un coffret en ivoire dont il a sorti une lettre, pla-
cée à côté, et une bague à portrait qu'il regarde
à la loupe en souriant.

Signé à droite.

Toile. Haut., 65 cent.; larg., 53 cent.

RICHTER

(E.)

67 — *Le Gentilhomme amateur.*

En habit de satin rouge pailleté d'or et richement brodé, assis et à moitié renversé sur son fauteuil, il regarde avec attention un verre de Venise. Son chapeau est jeté par terre, à droite, et sa canne déposée contre une console, à gauche.

Signé en bas.

Toile. Haut., 65 cent.; larg., 53 cent.

ROQUEPLAN

(CAMILLE)

68 — *Portrait de la fille de l'artiste.*

Représentée assise, dans un parc, habillée en robe Louis XV, décolletée, tenant une fleur à la main.

Signé à droite.

Toile. Haut., 1 m. 27 cent.; larg., 81 cent.

ROSÉ

69 — *Le Vieillard et les Trois Jeunes Hommes.*

L'allégorie de la Fable est représentée par les
portraits du comte de Chambord, du comte de
Paris. du Prince Impérial, de M. Thiers et de
Gambetta.

Dessin.

Signé à droite et daté 1872.

Haut., 80 cent.; larg., 65 cent.

ROYBET

(F.)

70 — *Jeune Seigneur du temps de Louis XIII.*

En riche costume de velours vert frappé, tenant
d'une main sa canne et ses gants, et de l'autre son
grand chapeau à plume, il pénètre dans une galerie.

Joli tableau.

Signé à droite.

Bois. Haut., 60 cent.; larg., 38 cent.

ROYBET

(F.)

71 — *Le Porte-Drapeau espagnol.*

Fièrement campé au pied de l'escalier du château, il tient l'étendard de ses deux mains ; à droite, au fond d'une galerie, on aperçoit trois hallebardiers.

Belle facture.

Signé à gauche.

Bois. Haut., 60 cent.; larg., 44 cent.

ROYBET

(F.)

72 — *Portrait de jeune garçon de l'époque Louis XIII.*

En costume de velours gris, avec collerette et manchettes de linge garnies de dentelle, large écharpe rose nouée autour de la taille sur laquelle il pose sa main droite, et tenant son chapeau à plume de la main gauche, il semble regarder avec étonnement et s'appuyant contre une table couverte d'un tapis de velours vert avec gobelet d'argent et plat en cuivre dessus.

Tableau très poussé et d'un grand caractère.

Signé en haut à gauche.

Toile. Haut., 1 mètre ; larg., 77 cent.

ROZIER

(JULES)

73 — *Troupeau de moutons au pâturage.*

Signé à gauche.

Bois. Haut., 15 cent.; larg., 13 cent.

SAINT-JEAN

74 — *Bouquet de fleurs.*

Aquarelle.

Signé à droite et daté : Lyon, 1837.

Ovale. Haut., 30 cent.; larg., 22 cent.

TROYON

(C.)

75 — *Beau paysage arrosé par une rivière, avec figures.*

Pastel.

Signé à gauche : C. Troyon.

Haut., 68 cent.; larg., 50 cent.

VÉRON

76 — *Le Lancer*.

A travers la forêt de Fontainebleau, de nombreux cavaliers et piqueurs, accompagnés d'amazones, poursuivent à francs étriers un cerf serré déjà de près par les meutes de chiens.

Signé à gauche et daté 1873.

Toile. Haut., 80 cent.; larg., 1 m. 15 cent.

VÉRON

77 — *L'Hallali*.

Dans la forêt de Fontainebleau, le grand veneur du roi fait porter devant Leurs Majestés, le Dauphin et leur nombreuse suite, les cerfs tués, les carrosses royaux attendent dans une grande allée, à droite. Tout autour du carrefour sont groupés des cavaliers, piqueurs et chasseurs.

Signé à gauche : A. Véron, 1873.

Toile. Haut., 80 cent.; larg., 1 m. 14 cent.

VERNON

78 — *Le Colin-Maillard.*

Gracieuse composition offrant une assemblée
de nombreux personnages jouant dans un parc.

Bois. Haut., 25 cent.; larg., 33 cent.

VERNON

79 — *La Pavane.*

Réunion de gentilshommes et grandes dames
dans un palais, avec vue de parc en perspective.

Bois. Haut., 25 cent.; larg., 33 cent.

WATELIN

(L.)

80 — *La Mare.*

Paysage avec figures et animaux.
Signé à droite.

Toile. Haut., 25 cent.; larg., 30 cent.

WILLEMS

J.

81 — *Le Lis dans la vallée.*

Dans un parc, une jeune femme aux longs cheveux blonds, en élégant costume xviie siècle, se
penche gracieusement pour respirer le parfum des
lis.

Signé à gauche et daté 1859.

Bois. Haut., 47 cent.; larg., 37 cent.

WILLEMS

J.)

82 — *Le Penseur.*

Un jeune gentilhomme, en costume Louis XIII,
est assis devant une table encore couverte des
restes de son frugal repas ; il a sa pipe dans une
main et caresse du regard le verre d'excellent vin
qu'il tient dans l'autre main. Son chapeau et son
épée sont accrochés au mur. Sur un guéridon en
fer forgé, placé près de lui, un réchaud en cuivre.

Signé à gauche et daté 1858.

Toile. Haut., 58 cent.; larg., 45 cent.

WINTZ

(G.)

83 — *Troupeau de vaches et bergers à l'ombre de grands arbres.*

Signé à droite.

Toile. Haut., 98 cent.; larg., 1 m. 45 cent.

GRAVURES

NORNEZ

84 — *Le Carnaval à Rome en 1820.*

Suite de vingt gravures en couleurs.

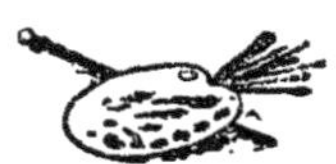

9 782329 550